MARKETING DIGITAL

Para Empreendedores e Pequenos Negócios em Crescimento

Segredos, Estratégias e métodos eficientes para aplicar hoje mesmo.

Ednilson Pedro
Do Físico ao Digital

Introdução 5

Construa sua autoridade. 6

Produza conteúdos de qualidade 9

Programe Campanha de Marketing com objetivo e foco 11

Cria campanhas de E-mail Marketing 14

Faça uso das redes sociais separando o pessoal do profissional sempre. 22

Invista em anúncios no Google Adwords e Facebook Ads 24

Encurte a comunicação com seus clientes. 27

Crie produtos digitais e aplique nas suas estratégias de marketing 30

Como construir e publicar um E-book 32

2 ferramentas gratuitas para construir suas páginas de capturas de e-mails 34

Ganhe curtidas e compartilhamentos utilizando o Pagsocial 37

Resumo: 39

Agradecimento 41

Introdução

Todo conteúdo deste livro é baseado e experiências, técnicas e estratégias de marketing Digital usado pelos maiores especialistas no assunto.

Cada dica que você encontrará aqui neste livro você poderá aplicar nas suas campanhas de marketing.

Você verá o resultado rapidamente com o método que apresentarei a você aqui.

Construa sua autoridade.

Para que suas campanhas de marketing digital tenha sucesso e alcance o objetivo algumas coisas precisam ser feitas.

Se você é um especialista em algum assunto você não necessariamente é uma autoridade no assunto, e para que as pessoas sintam confiança em você, você precisa ser uma autoridade no assunto.

Ok, então o que você está dizendo Ednilson Pedro é:

As pessoas só vão me dar atenção se eu for uma autoridade naquilo que estou me propondo a fazer?

Quase isso!

Antes vou te contar um segredo sobre se tornar uma autoridade em alguma coisa:

- Uma faculdade não te faz uma autoridade quando você iniciar suas campanhas de marketing.
- Cursos e treinamentos em escolas caras, ou outros países não te tornam uma autoridade.
- Suas experiências de vida e profissionais também não vão fazer de você uma autoridade.

Nossa!

Então "lascou né"? Por que se nada do que mencionei acima te torna uma autoridade como eu posso me tornar uma autoridade e fazer com que as pessoas acreditem no meu potencial, no que tenho a dizer, a mostrar, a ensinar e até mesmo em vender?

O que acontece em relação a autoridade é muito simples vou explicar:

Basicamente você precisa trabalhar constantemente e com muito foco em:

Mostrando que você tem resultados

Se eu contar que tenho um resultado maior que o seu em qualquer área eu viro para você uma autoridade a partir daquele momento!

Isso por que resultado é algo que não se pode discutir, "contra fatos não existe argumento" já ouviu essa?
É simples assim, você mostra os resultados e pronto!

Mostrando que você consegue gerar resultado para os outros.

Mostrar os resultados dos seus clientes, alunos ou pessoas que você ajudou de alguma maneira é uma forma excelente de disparar o gatilho da autoridade.

Quem sabe ensinar, sabe fazer. Simples assim!

Ok, mas e se eu estou começando e ainda não tenho resultados para apresentar?

Você vai focar nessa terceira forma abaixo para começar a construir a sua autoridade.

Ensinando algo que a pessoa não saiba sobre o assunto.

Quando você ensina algo para alguma pessoa que ainda não sabe fazer "aquilo" você se torna uma autoridade imediatamente para aquela pessoa.

Ex: Se você ensina alguém a organizar eventos para casamento, o que vai acontecer é que a pessoas que você ensinou irá sempre procurar você quando quiser aprender mais, se especializar, recomendará seus ensinamentos a outros e assim você vai se tornar autoridade naquele assunto também para outras pessoas.

Um dica é ensinar algo que não gere argumentos contra o que você está ensinando ter que ser algo realmente fantástico, de valor que a pessoa não saiba mesmo!

Resumindo, construa sua autoridade ensinando as pessoas, ajudando de alguma maneira, **criando conteúdos relevantes para que as pessoas** comecem a enxergar você como um expert naquele assunto, assim você construirá sua autoridade.

Produza conteúdos de qualidade

Falei agora a pouco sobre **"criar conteúdo"** relevante para as pessoas.

Antes deixa eu te contar, quando eu falo em conteúdo me refiro a você produzir e entregar informação, ensinamentos, técnicas e estratégias que agreguem valor a vida pessoal ou profissional das pessoas.

Cada vez mais as pessoas buscam informações na internet, e querem respostas que realmente as ajudem de alguma maneira, quando você cria um conteúdo interessante que realmente fará a diferença na vida ou nos negócios de quem "consumir" aquele conteúdo você automaticamente começa a se tornar uma autoridade conforme mencionei a pouco, mas se você já for uma autoridade isso fará com que outros resultados fantásticos ocorram caso esteja usando estes conteúdos em alguma estratégia de marketing.

Ok, mas que tipo de conteúdo eu posso criar?
Darei alguns exemplos de conteúdos relevantes:

- E-book
- Vídeo aulas
- Transmissões ao vivo
- Apostilas

- Áudio Book
- Planilhas com fórmulas
- Post's em redes sociais
- Post's em Blogs ou Portais

Resumindo, você pode produzir qualquer coisa que seja de interesse e contenha valor informativo que fará alguma diferença na vida das pessoas.

Um exemplo:

Este livro!

Nele apresento técnicas, métodos e diversas informações que ajudaram você ou qualquer pessoa que queira aprender e aplicar o que ensino aqui no dia a dia dos seus negócios caso já exista ou até mesmo em um novo negócio.

Dica: *Um bom conteúdo de valor que inclusive apresento nas minhas vídeo aulas é a criação de conteúdo em vídeos.*

Digo que as pessoas estão cada vez mais preguiçosas, mas não falo isso por maldade ou julgamento, digo isso por que cada vez mais no mundo digital as pessoas que sabem da importância de conteúdos para internet tem noção que em vídeo fica mais fácil para qualquer pessoa absorver as informações transmitidas.

Ou seja, FAÇA CADA VEZ MAIS VÍDEOS!!!!!!

Programe Campanha de Marketing com objetivo e foco

Essa etapa é fundamental para você ter sucesso nas suas campanhas de marketing digital.

Objetivo e foco, muito foco!

É importante **definir muito bem qual é o objetivo** da campanha de marketing digital que você deseja realizar, assim ficará mais fácil definir que tipo de conteúdo será utilizado na campanha e qual será a melhor estratégia a adotar.

O foco não deve ser desviado e nenhum momento quando estiver acompanhando uma campanha de marketing principalmente se você realizou algum investimento financeiro como anúncios patrocinados por exemplo.

Se você não mantem o foco, não acompanha de perto os resultados e as informações você perderá dinheiro, então olhos atentos, foco e olho no objetivo para garantir os melhores resultados possíveis na estratégia adotada.

Vou contar a você um pouco disso que mencionei de definir o objetivo e manter o foco.

Recentemente iniciei com minha equipe uma campanha de marketing onde o objetivo era construir uma lista de e-mail de possíveis clientes que gostariam de aprender a vender mais pela internet.

Então o Objetivo era atrair possíveis clientes e fazer com que eles me fornecessem o e-mail deles ok.

O que fizemos foi:

1 – Criamos uma Vídeo Aula gratuita ensinando 3 técnicas infalíveis para vender na internet.

2 – Criamos um vídeo "teaser" (vídeo teaser é um vídeo de 30 a 45 segundos onde chamamos a pessoa para realizar uma determinada ação, uma espécie de comercial, tipo aqueles vídeo que passa sempre antes do vídeo que você quer assistir no youtube)

3 – Promovemos o vídeo teaser investindo 50 reais para que o anúncio durasse 10 dias e fosse mostrado apenas para pessoas que tivessem interesse "naquilo" que era aprender a vender mais pela internet (na ocasião usamos o Facebook ADS veremos isso mais adiante), para que quando as pessoas clicassem no vídeo fossem "levadas" para a página de captura de e-mails.

3 – Criamos uma página de captura de e-mail, para que a pessoa pudesse fornecer o seu e-mail e depois que ela fornecesse ela teria acesso exclusivo a vídeo aula.

Basicamente essa foi a estratégia e o método que utilizamos, então esse era o objetivo ok, descrevi passo a passo.

Depois passamos a manter o foco para saber se o objetivo estava sendo alcançado.

Monitoramos a campanha, para ver se estavam clicando nos anúncios, se a lista de e-mails estava crescendo, se o anúncio estava funcionando e sendo mostrado como gostaríamos e por fim os resultados que estávamos tendo.

O acompanhamento precisa ser muito preciso e constante por que no final ao fazermos a análise temos que anotar e registrar todo o processo da campanha, o que funcionou e o que não funcionou para que nas próximas sejamos mais assertivos.

Dica: É possível parar ou pausar uma campanha de marketing e mudar seu direcionamento, método ou estratégia quando identificar que algo está errado ou não esteja saindo como esperado.

Inclusive, deve-se fazer isso! Imagine que você pega seu carro para chegar a um determinado endereço, e erra o caminho você continua perdido ou se orienta e segue para o caminho correto?

Cria campanhas de E-mail Marketing

Uma ferramenta incrível para você criar suas campanhas de e-mail marketing é o MAILCHIMP.

Utilizo com minha equipe essa ferramenta online a muito tempo e consigo fazer com que nossos objetivos nas campanhas de marketing com uso de e-mails tenham sucesso.

A ferramenta é gratuita e é uma forte aliada nas suas campanhas de marketing.

Para fazer uso dessa ferramenta você deve **acessar** a página **online** e **criar uma conta**, fornecendo seu e-mail e dados de acesso. (Como qualquer coisa que você for usar online)

A ferramenta permite você criar e-mails automatizados, Landing Pages, e diversas outras coisas que vão te ajudar a melhorar suas campanhas de marketing.

No nosso canal do **youtube e no nosso facebook** temos uma aula passo a passo explicando como usar o Mailchimp.

Facebook: **facebook.com/dofisicoaodigital**
Youtube: **youtube.com/delegadoregional**

O mailchimp permite você criar uma lista de e-mails como mencionei anteriormente na campanha que criamos e monitoramos para captar e-mails.

Quando você tem uma página de captura de e-mails, que inclusive pode ser criada com o próprio mailchimp, assim que o visitante da página acessa e fornece o e-mail automaticamente esse e-mail vai para uma lista que você previamente já criou lá no mailchimp ☺

A ferramenta é tão completa que permite você obter um relatório dos resultados de uma determinada campanha.

Veja **um exemplo** abaixo de um relatório de uma campanha de e-mail que enviei para uma lista pequena de e-mails que tenho.

Neste relatório podemos ver:

- Quantas visitas tivemos na página de captura de e-mails
- Quantas pessoas clicaram no botão (um botão que direciona a pessoa a algum lugar ou um botão que realiza algum tipo de ação)
- Quantas pessoas cadastraram o e-mail na página.

Resumindo, a campanha teve um bom retorno, o objetivo que era capturar e-mails de possíveis clientes foi atingido e agora que temos a nossa "lista" de possíveis clientes podemos manter contato com eles fornecendo conteúdos de qualidade, fortalecendo a comunicação com os mesmos até o momento certo de vendermos nossos produtos ou serviços com eles.

As campanhas de e-mails marketing hoje são essenciais em qualquer negócio que queira resultados e um contato mais direto com clientes e prováveis.

Dica: Quando for criar seus e-mails para enviar a seus clientes ou prováveis tente ser o mais simples possível evitando algumas práticas que podem ter um resultado negativo, são elas:

- **Evite** "LETRAS GARRAFAIS"
- **Evite** uso de imagens e vídeos
- **Nada de** botões do tipo (clique aqui) ou (COMPRE)
- O assunto do E-mail **evite** Caracteres especiais **(!@#$%&*+/)**

Essas práticas acima podem fazer com que o e-mail que você envie vá parar no lixo eletrônico ou na caixa de Spam.

E não queremos que isso aconteça não é mesmo.

Tá ok, mas como devo mandar meu e-mail marketing?

Sempre oriento meus alunos e pessoas que ajudo nessa tarefa a enviarem estes e-mails com o mais simplicidade possível.

Quando você envia um e-mail para uma pessoa ou contato que você conhece, como você costuma fazer?

Tenho certeza, que você não envia vídeos por e-mail, áudios, caracteres especiais e também não fica mandando o clique aqui, compre agora, e etc.

É isso! Evite isso, seja o mais tradicional e simples possível que o resultado será satisfatório.

Uma dica bacana é você caprichar na escolha do assunto do e-mail.

Vou dar um exemplo:

Eu enviei um e-mail marketing recentemente para alguns contatos e o que eu gostaria é que eles baixassem gratuitamente um E-book que eu havia produzido.

Então no assunto do e-mail eu coloquei assim:

"Veja se essas dicas vão ajudar você"

Aí no corpo e conteúdo do e-mail eu contava do que se tratava, de maneira simples e objetiva deixando claro que o E-book era de graça, e que para baixar bastava acessar o site tal, ou responder aquele e-mail com um "sim quero o e-book"

Agora imagine se o título do e-mail fosse assim:

"Baixa agora meu livro" ou "baixar grátis" ou "Dicas para você baixar"

É meio difícil, não é nem se quer atrativo ou aguça a curiosidade de quem lê.
Então capricha no assunto do e-mail ok. E terá um resultado positivo!

Crie campanhas de Vídeo Marketing nas suas estratégias

Os vídeos são fortes aliados nas campanhas de marketing digital.

Algumas pessoas não gravam vídeos por vários motivos entre eles os principais são:

- Vergonha
- Medo
- Alegam não ter "equipamentos"
- Alegam não saber editar os vídeos.
- Alegam não terem local adequado para gravar.

Digo a você o seguinte:

Para produzir vídeos você não precisa ter equipamentos caros, super câmeras e etc.

O medo e a vergonha faz, parte é normal pois é uma atividade na qual você ainda não está familiarizado(a).

A questão de local, não importa muito o local, claro que depende muito de qual a mensagem ou informação (conteúdo) o vídeo vai passar.

No meu Instagram você pode ver vários vídeos onde dou dicas para produção de vídeos e edição usando celular e aplicativos gratuitos que vão te ajudar a criar vídeos profissionais.

Tem vídeo ensinando a gravar.
Tem vídeo ensinando a editar.
Tem vídeo dando dicas para perder o medo e a vergonha.

Enfim, tem conteúdo para você absorver e iniciar suas gravações hoje mesmo caso ainda não faça isso.

Acesse o Instagram: **@dofisicoaodigital.com.br**

Um vídeo pode ser gravado através de celular e pode ser editado com um aplicativo gratuito que gosto muito que se chama INSHOT.

Nele é possível cortar o vídeo para tirar partes indesejadas como erro de gravações, barulhos indesejáveis, ou até mesmo juntar um vídeo com outro.

Além de poder acrescentar legendas nos seus vídeos, emotions e outras "firulinhas"

Se você ainda não grava vídeos para internet, comece agora mesmo a gravar e otimizar suas campanhas e estratégias em marketing.

Criar campanhas de marketing usando vídeos é um bom negócio e traz bons resultados.

Um exemplo de campanha de marketing usando vídeos o vídeo teaser que mencionei nos capítulos anteriores.

Muitos anúncios que vemos na internet para otimizar campanhas de marketing são feitos com uso dos vídeos teaser isso por que a mensagem é passada de maneira mais clara e objetiva.

Os vídeos prendem a atenção mais facilmente das pessoas que cada vez mais estão "preguiçosas" conforme mencionei.

No bom sentido é claro!

Faça uso das redes sociais separando o pessoal do profissional sempre.

A utilização das redes sociais nas estratégias de marketing é uma excelente opção pois cada vez mais seus clientes e prováveis estão lá.

Redes como o Facebok, Instagram e Youtube saõ canais de comunicação que quando alguém precisa absorver conhecimento ou informação é lá que a grande maioria vai buscar.

Lembra da "autoridade"?

- A maioria das pessoas que eu considero autoridades nos assuntos e temas que costumo absorver estão lá!
- Meus clientes e prováveis também estão lá!
- Então eu obviamente preciso estar lá!

Mas nem sempre as redes sociais eram usadas nas estratégias e campanhas de marketing digital, muitas pessoas usavam e ainda usam as redes para publicar fotos da família e amigos, momentos de lazer e diversão foto do cachorrinho, do papagaio e etc.

É ai que você não pode "derrapar"

A rede social que você utilizar para suas campanhas e estratégias de marketing deve ter objetivo e foco lembra disso?

Deixe para postar suas coisas pessoais no seu perfil pessoal, não misture as coisas ok.

Imagine uma campanha para atrair clientes para venda de um determinado produto ou serviço, e no meio dessa campanha você está alí construindo sua autoridade e num domingo você publica lá um vídeo da família onde você aparece meio embriagado e feliz da vida.

Vai ficar no mínimo esquisito, e pode comprometer completamente a campanha.

E não é isso que queremos.

Quando for publicar conteúdos de vídeos ou imagens segue umas dicas:

- Capriche na qualidade da imagem e do vídeo.
- Capriche no título e texto.
- Use #hashtags com palavras que tenham a ver com o conteúdo que está publicando. (Isso ajuda a atrair mais gente)
- Não seja cansativo com seus textos e vídeos, seja claro e tente na medida do possível usar uma linguagem que todos possam compreender.

Invista em anúncios no Google Adwords e Facebook Ads

Toda campanha de marketing funciona, mas quando você quer acelerar o processo você precisa investir em anúncios patrocinados.

Você pode fazer isso usando o Google Adwords ou o Facebook ADS.

No caso do Google você precisa acessar o site do Google Adwords se você possui algum e-mail do Gmail basta acessar com seu e-mail e senha ok.

A ferramenta é simples de usar, porém deve se tomar alguns cuidados.

Recomendo a você quando for criar seus anúncios nestas duas redes se atentar as políticas para que seu anúncio não seja reprovado.

Determinadas imagens que possuem direitos autorais podem atrapalhar no processo de aprovação do seu anúncio.

Para ajudar você a criar bons anúncions e que podem trazer resultados legais acesse no youtube as aulas grátis: **https://www.youtube.com/user/adwordsbrasil**

Boas práticas na hora de criar anúncios no facebook e Google:

- Crie títulos atrativos.
- Use imagens de alta resolução e qualidade.
- Se usar vídeos que seja de boa qualidade de vídeo e áudio.
- Na descrição seja claro e objetivo.
- Direcione para o público correto seu anúncio.
- Comece investindo pouco e vá acompanhando os resultados.
- Vá aumentando aos poucos.

Uma coisa interessante no investimento financeiro em anúncios é você pensar em uma arvore com frutos.

Para pegar um fruto que está ali na parte de baixo da arvore você não precisa de muito esforço, mas geralmente aquela fruta mais madura, brilhante e suculenta pronta para ser degustada está mais alta, lá no topo!

E para pegar aquela fruta você precisará subir mais alto, e dispor de um grande esforço, assim funciona os anúncios.

Quanto mais investir mais conseguirá aqueles clientes que estão querendo comprar digamos assim.

Mas não caia na tentação e saia colocando dinheiro a "Deus dará" comece pequeno, invista pouco e entenda como tudo funciona.

Depois que você compreender, pegar o jeito vá aumentando seu investimento gradativamente.

Dica: Imagine que você criou um anúncio hoje com um texto e uma imagem onde o objetivo é fazer a pessoa clicar no anúncio para levar ela até seu site.

Pois o objetivo da campanha é ter visitas no seu site.

Você pode fazer um investimento pequeno e medir os resultados no final da campanha.

Então você faz novamente um novo anúncio onde o objetivo é o mesmo, só que dessa vez você vai mudar a imagem e o texto.

Assim no final você poderá ver o que melhor deu resultado com aquela a mesma quantia investida. E já terá um caminho melhor a seguir nas suas próximas campanhas de marketing com anúncios patrocinados.

Encurte a comunicação com seus clientes.

Definitivamente a melhor estratégia que tem resultados é a comunicação e o relacionamento com seus clientes.

Mas como encurtar a comunicação e a relação com quem ainda não é seu cliente?

Aquela pessoa que te forneceu um e-mail em troca de uma vídeo aula ou um e-book, como encurtar a relação com essa pessoa?

Vou explicar como eu faço isso e funciona muito bem.

Pelo menos 1 vez por semana eu envio um e-mail, para meus contatos da minha lista de e-mail das minhas campanhas de marketing de forma pessoal e objetiva.

Esse contato mais direto eu faço para encurtar a comunicação, aumentar o nível de confiança e relacionamento e me disponibilizar para alguma questão que aquele contato possa vir a ter, e que derrepente só lembrou quando abriu o e-mail e viu que eu estava alí a disposição dele.

Geralmente eu envio um e-mail assim para eles:

Olá Pedro,

Te mandei alguns e-mails essa semana falando de como perder o medo e a vergonha na hora de gravar vídeos, espero que tenha gostado.

Sei dessa dificuldade que a maioria das pessoas tem, e caso precise de ajuda nisso saiba que pode contar comigo blza?

Outra coisa, não quero ser o cara chato que fica mandando um monte de e-mails desnecessários para você ok, então se tiver algum assunto ou tema específico que queira saber mais, me responda esse e-mail que envio para você ou se o conteúdo não existir eu crio, pois sua necessidade pode ser a de outros também.

Qualquer dúvida conte comigo!

Abraço e sucesso.

Att,
Ednilso Pedro
Do Físico ao Digital.

Dessa maneira, exatamente assim!

Sem imagens, sem link de "clique aqui" Sem vídeos ou caracteres especiais, lembra que expliquei sobre isso?

Pois bem, com este e-mail consigo os seguintes resultados:

- Encurto a comunicação
- Crio relacionamento
- A pessoa meio que se sente na obrigação de interagir
- Consigo pauta para outros e-mails, vídeos e conteúdo.
- Obtenho mais informações de como educar aquela pessoa para uma compra ou objetivo.
- Fico sabendo se a pessoa está somente abrindo meus e-mails ou lendo eles por completo.

Essas informações que obtenho são de uma importância tremenda para minhas campanhas e projetos.

Considero essa técnica e método se tratando de e-mail a mais eficiente, principalmente se a sua lista de e-mail for pequena, pois é mais fácil ainda fazer isso quando se tem uma lista pequena.

É mais fácil para administrar.

Portanto, crie relacionamento e encurte a comunicação já!

Crie produtos digitais e aplique nas suas estratégias de marketing

Criar produtos digitais é uma tarefa para produtor digital.

O que é?
O que faz?
Quem pode ser um produtor digital?

Tenho um vídeo no Instagram @dofisicoaodigital.com.br onde explico detalhadamente sobre a profissão Produtor Digital.

Produtor digital é a pessoa que produz produtos digitais como E-book, vídeo aulas, apostilas, áudio books e etc.
Qualquer pessoa que tenha algum conhecimento ou habilidade em tema ou assunto pode ser um Produtor Digital.

Os produtos digitais como estes mencionados acima ajudam e muito nas estratégias de marketing, pois como mencionei nos capítulos anteriores, criar autoridade, fãs, atrair clientes, entregar conteúdos relevantes é o que deve ser feito para otimizar suas campanhas de marketing.

Um e-book é um excelente produto digital e pode ser usado para diversos fins.

Você pode ensinar alguma técnica, procedimento ou contar casos no e-book.

Este livro que você está lendo existe na versão impressa e também digital, no caso o e-book.

Tenho muitos e-books produzidos de diversos temas e assuntos, alguns utilizo em campanhas de marketing digital.

Outros, quando meus clientes adquirem um produto ou serviço ganham como Bônus um dos meus E-books. Alguns E-books somente estão disponíveis para venda nas livrarias online, como: **Google Livros, Amazon, Agbook, Clube de Autores.**

Como construir e publicar um E-book

No capítulo anterior, falei de alguns livros impressos e digitais os e-books que estão disponíveis na Editora Agbook.

A editora Agbook é uma editora online como muitas existentes no Brasil, onde você pode publicar seus livros (suas obras) gratuitamente e comercializar com leitores de todo brasil.

Basicamente funciona assim:

- Você acessa: www.agbook.com.br
- Cria uma conta gratuitamente.
- Define o tema do seu livro.
- Baixa um template (formato e tamanho do seu livro)
- Define quantas páginas e o acabamento do livro como (capa, preto e branco, cores e etc.)

Depois de escrever seu livro no Word você enviará o arquivo para o site e irá finalizar criando uma capa bacana e título do seu livro.

Depois definirá quanto quer ganhar de direitos autorais pela sua obra, assim a editora vai definir um preço para seu livro. E ela se encarregará de vende-lo na versão impressa ou digital, pois o comprador escolhe o que quer.

A editora recebe uma comissão para cada livro vendido por ela.

Ex: Você coloca lá que quer ganhar 20,00 reais de direitos autorais.

A editora pode pegar e colocar o preço do seu livro em 35,90 reais.

20,00 é seu o restante é da editora.

Você deve cadastrar uma conta bancária no site, para poder receber seus direitos autorais.

No nosso Facebook temos um vídeo explicando exatamente essas etapas e todo o processo.

Veja em: facebook.com/dofisicoaodigital

2 ferramentas gratuitas para construir suas páginas de capturas de e-mails

Criar uma página de captura de e-mails é fundamental em estratégias de marketing digital.

Existem várias ferramentas que realizam essa tarefa se você não é um Web Designer e não quer ter muito trabalho ou gastar com isso.

Você pode usar o Mailchimp ou ClickPages.

O mailchimp – É gratuito e no estilo arrastar e soltar você cria uma página de captura de e-mails facilmente.
Esse tipo de página é fundamental para você construir um lista de e-mail, usando um e-book como recompensa em troca de um e-mail ou usando uma vídeo aula.

O Clickpages – É uma ferramenta paga, faz a mesma tarefa mas é muito mas muito mais completa.

Independente de qual você for utilizar o importante é lembrar sempre do que essa página é capaz e o quanto ela é importante nas suas campanhas.

Abaixo um modelo de página de captura de e-mails para você entender melhor o que estou dizendo.

Veja no modelo acima que criei que temos coisas importantes como:

- Chamada atrativa para incentivar a pessoa.
- Texto dizendo o que a pessoa vai aprender.
- Campo para captar o e-mail da pessoa.
- Imagem atrativa do que a pessoa terá acesso.
- Botão de ação "acessar aula"

Imediatamente após a pessoa colocar o e-mail e clicar em cadastrar ela é direcionada para a página que tem a vídeo aula.

E automaticamente o e-mail dela vai lá para minha conta do Mailchimp para uma lista que criei previamente com o nome de "possíveis alunos do curso de criar imagens profissionais"

Essa página criei no Clickpages.

Ganhe curtidas e compartilhamentos utilizando o Pagsocial

Uma ferramenta interessante que utilizo frequentemente para ganhar curtidas e compartilhamentos nas redes sociais é o PAGSOCIAL.

Nessa ferramenta online e gratuita eu disponibilizo um e-book ou vídeo aula gratuita em troca de uma curtida no facebook ou compartilhamento daquela campanha.

Veja na imagem que disponibilizei de uma campanha que realizei no PAGSOCIAL,

Temos o seguinte:

- Botão de ação do facebook.
- Botão de ação do twitter.
- Texto explicando que para baixar de graça o E-book basta usar o twitter ou facebook para fazer o login.

Essa ferramenta é gratuita e 100% online, basicamente você cria uma conta e começa a usar.

Fornece textos, imagens e o arquivo para download que quiser disponibilizar no meu caso o e-book.

Quando tiver pronto e configurado, a ferramenta gera um link para você compartilhar nas redes sociais ou enviar por e-mail por exemplo para quem você quiser.

Quando a pessoa acessa, para ela fazer o download ou ter acesso a uma vídeo aula se for o caso basta ela fazer login clicando nos botões de ação facebook ou twitter ela escolhe.

E assim, você receberá muitos compartilhamentos e curtidas e o objetivo da campanha será alcançado e automaticamente se divulgará, ou seja essas pessoas que estão baixando estão automaticamente divulgando.

Resumo:

Neste livro, você aprendeu técnicas que vão te ajudar a criar campanhas de marketing com planejamento e estratégias que vão otimizar e muito seus projetos.

As técnicas e ferramentas aqui te ajudam a vender mais caso você já tenha um negócio e se ainda não tem, elas já te dão uma direção para você iniciar um novo negócio.

Quem sabe orientando empreendedores a utilizar as técnicas e estratégias que você leu aqui. Seja essas técnicas que apresentei aqui ou qualquer outra que você venha aprender ou aplicar somente terão efeito se forem realizadas com:

- Planejamento
- Estratégia
- Foco
- Objetivo
- Trabalho duro
- Revisões e acompanhamentos.
- E claro conteúdo de qualidade.

Costumo dizer o seguinte:

"Qualquer ideia de negócio é boa, mas para ser excelente ela precisa ser bem executada"

Anotações:

Agradecimento

Gostaria de agradecer a minha equipe, e todos envolvidos no projeto do Físico ao Digital, e claro a você leitor que dedicou seu tempo a absorver as informações e conteúdo presente neste livro.

Gostaria de dizer que eu e minha equipe estamos inteiramente a disposição para eventuais dúvidas, sugestões e até mesmo reclamações.

Mais uma vez meu muito obrigado e desejo muito sucesso a você!

Ednilson Pedro
Consultor em Tecnologia
Do Físico ao Digital
www.dofisicoaodigital.com.br
mudando@dofisicoaodigital.com.br

www.ingramcontent.com/pod-product-compliance
Lightning Source LLC
Chambersburg PA
CBHW050321220526
45465CB00005B/2072